COMMENCEMENTS D'ALBERONI

SES

RAPPORTS AVEC L'ANGLETERRE ET LA FRANCE

JUSQU'A L'EXPÉDITION DE SARDAIGNE

1715-1717

PAR

M. Louis WIESENER

ANGERS

IMPRIMERIE DE A. BURDIN ET CIE

4, RUE GARNIER, 4

—

1892

COMMENCEMENT D'ALBÉRONI

SES

RAPPORTS AVEC L'ANGLETERRE ET LA FRANCE

JUSQU'A L'EXPÉDITION DE SARDAIGNE

1715-1717

PAR

M. Louis WIESENER

————▸▸▸▸▸▹◃◂◂◂◂————

ANGERS

IMPRIMERIE DE A. BURDIN ET CIE

4, RUE GARNIER, 4

—

1892

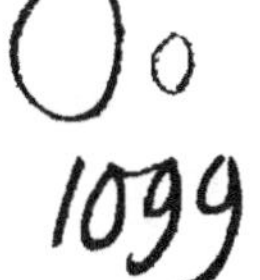

COMMENCEMENTS D'ALBERONI

SES RAPPORTS AVEC L'ANGLETERRE ET LA FRANCE
JUSQU'A L'EXPÉDITION DE SARDAIGNE

1715-1717

Dans les pages qui vont suivre, on se propose de rapporter comment Philippe V et son ministre Alberoni essayèrent de capter l'alliance du roi d'Angleterre, George Ier, et de s'en servir contre l'empereur Charles VI en Italie, et contre le régent en France, comment aussi ils furent déçus dans leur attente et rallumèrent la guerre en envahissant la Sardaigne.

I

Si le traité d'Utrecht (1713) avait terminé la guerre de la succession d'Espagne entre la France et l'Espagne d'une part, l'Angleterre, la Hollande et la Savoie d'autre part, l'Autriche avait refusé d'y adhérer; et, l'année suivante, à Rastadt (1714), traité pour elle et pour l'Empire avec la France seulement. Quant à l'Espagne, l'empereur s'en attribuait toujours le titre royal et affectait de ne connaître chez le roi de fait, Philippe V, que la qualité de duc d'Anjou. Philippe V, irrité avec raison de cette manie insultante, s'en vengeait en ne le dénommant que l'archiduc; en même temps il revendiquait les provinces d'Italie que le traité d'Utrecht avait transférées de l'Espagne à l'Autriche.

L'arbitre de la situation était George Ier. Ce prince avait garanti la neutralité de l'Italie; et son but était de transformer cet état précaire en une paix définitive. Il voulait tenter l'entreprise ardue d'amener l'empereur et le roi d'Espagne à se réconcilier ensemble et avec les stipulations d'Utrecht.

L'obstacle principal était à Madrid; car alors, l'Empereur engagé dans sa grande guerre contre les Turcs, était obligé de concentrer ses forces en Hongrie. A la vérité, avant l'ouverture des hostilités et pour s'affranchir de toute inquiétude relativement à ses possessions italiennes, il avait, par l'intermédiaire du pape et sous la garantie de la France, échangé avec Philippe V une promesse de neutralité en Italie pendant la durée de la guerre. Le prince Eugène remportait d'éclatants succès sur les Infidèles; mais la paix n'était pas prochaine; et, en Espagne, la tentation était grande de saisir l'occasion. Le roi et la reine visaient non seulement les possessions d'Italie perdues, telles que les Deux-Siciles, mais de plus, les principautés de Parme et de Toscane dont les dynasties étaient à la veille de s'éteindre; et plus haut, en France, la régence; plus encore, la couronne.

D'abord cependant, il fallait réorganiser l'Espagne épuisée moins encore parce que la guerre de la succession s'y était prolongée jusqu'en 1715[1], que par un mauvais gouvernement séculaire sous les descendants de Philippe II, travail herculéen auquel s'attaqua, sans pâlir, l'abbé Jules Alberoni, un homme de rien, comme en France l'abbé Dubois.

II

Fils d'un jardinier de Plaisance (1664), c'est-à-dire né aussi dans *la boue*, d'abord assujetti à porter au marché les légumes paternels, puis sonneur de la cathédrale, son premier progrès dans l'échelle sociale; avide d'instruction, il se tourna vers la cléricature, seule voie d'émancipation et d'avenir; admis à la tonsure, aux ordres mineurs; pourvu d'une messe quotidienne de fondation par l'un des nombreux protecteurs que son caractère jovial et insinuant lui gagnait, et grâce à eux admis, malgré des empêchements canoniques, à dire la messe; enfin, conduit par les hasards de la guerre de la succession chez le général de l'armée française en Italie, le duc de

____

(1) Par la résistance opiniâtre de Barcelone, qui ne céda aux armes du maréchal de Berwick qu'en 1714, et de l'île Majorque soumise seulement en 1715.

Vendôme, que la licence effrontée de son langage subjugue; là, familier infime, à la différence de Dubois, qui, chez Monsieur, était précepteur du duc de Chartres; présenté plus tard par Vendôme à Louis XIV et distingué du grand roi, il acquit peu à peu de l'importance en France et en Espagne, toujours à la suite de Vendôme. Le duc de Parme, François Farnèse, le créa comte et le nomma son agent intérimaire près la cour de Madrid. Dans ce poste, il eut l'adresse de diriger sur Élisabeth Farnèse la faveur de la princesse des Ursins qui gouvernait Philippe V, et le choix du roi en quête d'une seconde femme. Puis il ne fut pas étranger, dit-on, à la disgrâce dont la nouvelle reine, à peine sur le sol espagnol, foudroya Mme des Ursins pour briser, dès la première heure, la servitude que cette protectrice trop superbe lui destinait. Dès lors, le comte Alberoni fut, par la reine et avec le P. Daubenton, jésuite, confesseur du roi, le réel inspirateur du gouvernement qu'exerçait en apparence un autre Italien, le vieux cardinal del Giudice, premier ministre et grand inquisiteur. Il déploya dans l'administration une capacité extraordinaire, une admirable et féconde énergie, extirpant les abus sans s'inquiéter des colères qu'il provoquait, trouvant des ressources dans le néant de toutes choses, tirant de leur misérable ruine l'industrie, le commerce, l'armée, la marine. Seulement cinq ans de paix, disait-il, et il ferait de l'Espagne la plus puissante monarchie de l'Europe.

Instrument et promoteur de l'ambition de la jeune reine, la seule dot que cette princesse eût apportée à Philippe V, il entra non moins ardemment dans les rancunes et les vues du roi contre le Régent. Sous son impulsion, Philippe rechercha l'appui des Anglais, auprès desquels il voulait devancer le duc d'Orléans. De là, le traité de commerce du 15 décembre 1715, continuant aux sujets britanniques les avantages commerciaux dont ils jouissaient sous les rois de la maison d'Autriche. Il fut stipulé qu'en aucun cas, ils ne paieraient des droits plus élevés ni d'autre sorte que les Espagnols eux-mêmes. On leur accordait en Amérique plus de privilèges qu'il n'en avait été jamais octroyé aux Français.

Le cardinal del Giudice, avec tous les hommes d'État espagnols, très hostiles à l'Angleterre, opposa une résistance opiniâtre à ce changement de politique. Chaque soir, il défaisait ce qui avait été réglé le matin entre le roi et le ministre britannique George Bubb. Mais toujours Alberoni, *obligeant et cordial,* venait en aide à Bubb et rétablissait les choses à l'avantage des Anglais [1].

Lors de l'insurrection jacobite en Écosse, Philippe annonça par une proclamation sa ferme intention de ne donner aucune assistance aux ennemis de George Ier.

Il est bon de se rappeler qu'en ce moment-là, le duc d'Orléans, après avoir noué avec le roi d'Angleterre, du vivant de Louis XIV, des projets d'étroite amitié, avait, une fois régent, préféré et favorisé en secret cette même entreprise du Prétendant si hautement réprouvée du roi d'Espagne. D'où l'âpre colère de George contre le Régent, la tension croissante de leurs rapports et les efforts des Anglais pour déraciner les Français et les supplanter à Madrid. On voit donc dans la Péninsule la même lutte d'influence qu'en Hollande. Seulement les Hollandais, gens de sens rassis, ayant fait leur examen de conscience sur les maigres profits et les lourdes charges issus pour eux de la guerre de la succession, en ont conçu un grand amour de la paix et le désir bien arrêté de tenir la balance égale entre l'Angleterre et la France.

Alberoni ne saurait avoir par caractère ni par position de pareils scrupules. Arbitre, avec Philippe V et Élisabeth Farnèse, des destinées de l'Espagne, il s'enrôle à la suite de la Grande-Bretagne par le vain espoir de l'enrôler elle-même dans les ambitions tumultueuses et désordonnées du couple royal et d'en faire l'instrument de sa propre grandeur.

Stanhope l'encourage et le flatte. Ils s'étaient connus lorsque le général anglais était prisonnier à Saragosse après sa défaite de Brihuega et que lui-même faisait simplement partie de la maison du duc de Vendôme. Stanhope, frappé de son aptitude aux affaires, lui avait prédit de brillantes destinées. Maintenant, le traité de commerce conclu, il lui écrit en se félicitant de l'accomplissement de ses prévisions, et avec des vœux pour une sincère et durable amitié

(1) Bubb à Stanhope, 12 décembre 1715. L. Mahon, *History of England,* vol. Ier p. 295. Edit. Tauchnitz.

entre les deux couronnes [1]. Leur correspondance se poursuivra quelque temps sur un pied d'amicale réciprocité.

L'envoyé britannique à Madrid, Georges Bubb, âgé de vingt-cinq-ans, les seconde avec le feu de la jeunesse [2]. Les Autrichiens viennent-ils d'occuper Novi dans la Haute-Italie, et Alberoni en appelle-t-il au roi d'Angleterre comme garant de la neutralité de la Péninsule, en sollicitant de ce prince une alliance sous couleur de maintenir la foi de ses engagements publics, Bubb l'appuie. S'il était possible, écrit-il, de faire quelque concession sur ce point, on pourrait ruiner entièrement l'influence française en Espagne et brouiller à fond les deux nations. Si le roi, déjà garant de l'Italie, voulait faire un pas de plus et garantir Parme et la Toscane à la reine et à ses héritiers, il dépendrait de lui de faire une alliance aussi étroite qu'il lui plairait. « Les Français n'ont plus ici la moindre influence. Ouvrir et achever cette brèche a été la difficulté principale de la négociation (relative au traité de commerce). Cette cour a, depuis peu, traité les Français très froidement ; et elle est disposée à les traiter selon qu'il plaira à Sa Majesté, de sorte que je crois qu'ils ne pourront jamais plus lever la tête ici, à moins que nous ne laissions échapper cette favorable conjoncture.

« Le roi d'Espagne a rompu tout à fait avec ses vieux amis en faisant un traité qui les a fort désobligés, sans rien stipuler pour lui-même et en opposition avec tous ses ministres. Puisqu'il semble s'être jeté si loyalement dans nos bras, si nous allions le refuser, il en éprouverait une très vive mortification. »

Bubb ne veut pas que son gouvernement croie l'Espagne une alliée à dédaigner, toute délabrée qu'elle est encore. Il termine ainsi cette curieuse dépêche : « Si bas que soit l'Espagne, nul autre État n'est capable de se relever aussi vite. Elle le fera aujourd'hui plus rapide-

---

(1) Stanhope à Alberoni, 30 décembre 1715 (10 janvier 1716). Coxe, vol. II, p. 132.

(2) Né en 1691, fils d'un apothicaire irlandais de ce nom, et entré par mariage dans la famille Dodington du Somerset, il n'échangea son nom de Bubb contre celui de Dodington qu'en 1720, lorsque le domaine de famille échut à sa femme par héritage. Il fut créé baron Melcombe en 1761. Sa mission en Espagne dura deux ans, 1715-1717. Dans sa correspondance avec lord Stair, durant le même laps de temps, il signe toujours Bubb (*British Museum*). Coxe, en l'appelant Dodington dès cette époque, a commis une de ces inadvertances auxquelles il est sujet et que lord Mahon, *Histoire d'Angleterre*, s'amuse à relever de temps en temps.

ment que jamais. Précédemment les possessions d'Italie et de Flandre
constituaient une charge énorme au lieu d'un avantage. Elles étaient
entretenues par les ressources des Indes et des deux Castilles, tandis que maintenant, ç'en est fini de cette dépense. Les Castilles
paient plutôt plus que jamais, tandis que le roi tire des ressources
considérables de l'Aragon et de la Catalogne qui, antérieurement,
payaient peu ou rien. En fait, ses ressources dépassent d'un tiers
celles de tous ses prédécesseurs, et ses dépenses sont réduites de
moitié; de sorte qu'avec un peu d'ordre, il saura bientôt se rendre
un allié utile [1]. »

Malgré ce tableau flatteur, le cabinet anglais, trop politique
pour céder à la légère aux coquetteries de Madrid, s'excusa en
termes obligeants sur ce que l'état des affaires ne permettait pas
encore d'aller plus loin. On risquerait, pensait-il, de compliquer la
situation de l'Italie. Il fit plus que de refuser son concours à l'Espagne; il alla à l'Autriche et par le traité d'alliance défensive signé à
Westminster (5 juin 1716), il garantit à cette puissance les provinces
d'Italie qui avaient formé son lot à Utrecht. En outre, les deux alliés
se garantirent réciproquement les territoires qu'ils acquerraient
d'un commun consentement.

Lorsqu'il apprit l'ouverture de ces négociations à Londres, Philippe V, tiré rudement de ses illusions, apostropha son ministre :
« Où sont, s'écria-t-il, vos Anglais et vos Hollandais, dont vous
faisiez tant sonner l'amitié et l'appui? Qu'avez-vous à dire pour
votre défense, quand vous les voyez s'engager dans de nouvelles
alliances avec nos plus grands ennemis, moi qui leur ai accordé à
votre suggestion toutes leurs demandes et qui suis entré dans toutes
leurs mesures?... Sur votre parole, j'ai abandonné mes anciens
amis. A quelle extrémité me vois-je réduit? Je n'ai pas un seul ami.
Vous m'avez bien conseillé ! »

Alberoni reportait ces reproches à Bubb en dissimulant sa propre
colère. Il essayait de le toucher par les sacrifices qu'il avait faits à
l'Angleterre, par les bons sentiments du roi : « Après Dieu, lui disait-il, le roi, mon maître, lève les yeux vers le vôtre... Pour vous,

<hr>

[1] 19 février 1716. Dans Coxe, II, page 121. Voir aussi L. Mahon, volume Ier,
p. 295.

il a rompu ses liens avec la France ; il s'est irrévocablement séparé de l'autre branche de la maison de Bourbon [1]. » Parole excessive, intempérance de langue tragi-comique, très propre à mettre en relief les mauvais sentiments que l'on professait à Madrid envers le duc d'Orléans, et par suite envers la France.

Puis Alberoni s'affligeait sur lui-même, sur son affront devant son maître, sur le triste retour dont les Anglais le payaient après qu'il leur avait procuré le récent traité si avantageux à leurs intérêts, et lorsqu'il était tout près de conduire à bonne fin le traité de l'*asiento*, si longtemps retardé [2].

A la réponse de Bubb que l'alliance avec l'empereur était purement défensive et qu'il n'y avait rien là d'injurieux pour l'Espagne, Alberoni répliquait : « L'Angleterre a fait alliance avec notre ennemi mortel, avec celui qui refuse de reconnaître Philippe comme roi d'Espagne, qui l'a accablé d'insultes, et dont la vaste puissance en Italie enveloppera tous les États de second ordre dans une commune destruction [3]. »

Soit. Mais n'était-ce pas chez Alberoni et ses maîtres une dose surprenante de légèreté et d'aveuglement, de s'imaginer qu'entre la solide Autriche assise au centre du continent, victorieuse, vieille alliée, et l'Espagne reléguée à l'extrémité de l'Europe, démembrée, à peine en voie de réorganisation, le gouvernement britannique, alléché par des intérêts de commerce, irait donner, tête baissée, la préférence à celle-ci sur celle-là, uniquement d'après des protestations de dévouement qu'un instant aurait fait naître, qu'un coup de vent pourrait emporter ? Comment croire que, pour leur plaire, il épouserait, les yeux fermés, leur animosité contre la France, avec laquelle, après tout, l'Angleterre sentait qu'elle avait de si puissants motifs de bien vivre ?

Malgré les plaintes que lui arrachait sa déception, Alberoni persistait à briguer l'alliance anglaise. Il ne pouvait pas l'abandonner sans se perdre ; derrière lui, la reine menait tout et le soutenait avec ténacité.

---

(1) Bubb à Stanhope, 27 avril, 4 mai 1716. Coxe, II, 129. Alf. Baudrillard, II, 226.
(2) Le privilège de la traite des noirs en Amérique.
(3) Bubb à Stanhope, 27 avril, 4 mai 1716. Coxe, vol. II, p. 127-130.

Bubb l'atteste. « Voici, dit-il, ce qui est certain selon moi. Sans la reine, nous ne ferons jamais rien ici. Si elle cessait de soutenir nos intérêts, nous n'aurions plus qu'à prendre congé de l'Espagne. Je suis pleinement persuadé qu'elle est de cœur avec nous maintenant. Elle est ennemie jurée des Français; et je crois que Sa Majesté (George Ier) pourra la garder de son côté aussi longtemps qu'il lui plaira. Ainsi, quoique nos affaires soient en mauvaise posture, et que jusqu'ici nous n'ayons obtenu que des promesses, cependant il me semble que nous nous sommes mis du parti qui l'emportera tôt ou tard. En un mot, l'influence absolue sur l'Espagne appartiendra au plus offrant et dernier enchérisseur en faveur du fils de la reine. Voilà la grande et unique maxime qui n'a jamais changé depuis que je suis ici[1] ».

Par suite, il ne faut pas s'étonner du méchant accueil fait aux ouvertures du duc d'Orléans, lorsque ce prince, commençant les démarches qui, de l'entrevue de Dubois avec Stanhope à la Haye en juillet 1716, aboutirent à la triple alliance de janvier 1717, en informa Philippe V et le sollicita d'y concourir avec lui, comme à un ouvrage également utile aux deux nations. Le cardinal del Giudice, animé sur ce point, comme Alberoni, des sentiments du roi, répondit ironiquement (juin 1716), qu'il ne savait pas que rien dans le traité d'Utrecht eût besoin d'être garanti ni confirmé[2].

Alors le Régent, irrité des sentiments hostiles auxquels il se heurtait, eut la pensée de tenter dans cette cour une révolution de

----

(1) Bubb à Stanhope, 15 juin 1716. Coxe, vol. II, p. 139. Il s'agit de l'infant don Carlos, né en 1716. Nous insistons sur ces dispositions de la cour, parce qu'elles jettent beaucoup de jour sur la situation respective de la France, de l'Angleterre et de l'Espagne et sur l'animosité de Philippe V contre le Régent. M. Alfred Baudrillart, dans son très savant ouvrage rempli de choses nouvelles, *Philippe V et la cour de France*, t. II, liv. II, chap. Ier, fait ressortir l'hostilité de Philippe V en face des bons procédés du Régent, l'insolence provocatrice d'Alberoni à l'égard de l'ambassadeur de France, Saint-Aignan, son emportement à jeter l'Espagne dans les bras de l'Angleterre. Dans notre Ier vol., p. 165, nous avions, d'après Henri Martin (t. XV, 80), émis la conjecture que la déclaration du 29 janvier 1716 interdisant aux Français de trafiquer dans la mer du Sud, sous peine de mort, était une fâcheuse complaisance à l'adresse des Anglais. Lémontey, t. Ier, 124, et Baudrillart, t. II, 209, la présentent comme une concession à l'Espagne. Saint-Simon parle également de l'hostilité de l'Espagne et de la jalousie des diverses nations contre les trafiquants français, t. XIII, 303.

(2) Alf. Baudrillart, t. II, p. 228. Lémontey, t. Ier, p. 125.

palais, d'y renverser del Giudice par Alberoni ; Alberoni, par les sei-
gneurs espagnols qui se débarrasseraient ainsi des ministres italiens
et adopteraient sans doute une politique plus favorable à la France.
Il chargea de cette mission le marquis de Louville, autrefois confi-
dent et ami de Philippe V. Mais les choses étaient bien changées.
Louville, arrivé à Madrid le 24 juillet, reçut dès le lendemain un
ordre royal d'avoir à repartir sur-le-champ. Il tomba malade, ne
vit point le roi et fut rappelé par le Régent : issue assez ridicule
d'un plan compliqué et téméraire.

Alberoni, sans en pénétrer la nature, ne manqua pas de se faire
un mérite auprès de Bubb de la déconvenue de Louville, et de lui
réitérer que l'Espagne était totalement séparée de la France. Il
redoubla d'instances pour une intime union avec l'Angleterre.
Comme gage, il termina la discussion relative à l'*asiento* [1].

Au reste, une semaine avant l'arrivée de Louville, la première
partie du plan dont celui-ci était porteur était déjà exécutée, mais
à la confusion des conjurés de Paris. La reine, Alberoni et le
P. Daubenton, unis contre del Giudice, l'avaient fait destituer le
17 juillet 1716. Ils lui ôtèrent aussi la charge de gouverneur du
prince des Asturies, qui passa au duc de Popoli. Lui-même se démit
de celle de grand inquisiteur et se retira à Rome.

La conduite des affaires resta partagée entre le marquis de Grimaldo, secrétaire d'Etat, ostensiblement ; Alberoni, derrière la toile
tant qu'il ne fut pas cardinal ; et la reine, au centre de ce mystère [2].

III

Le moment où Alberoni fit ce pas si important de rendre vacante
la fonction de premier ministre, en attendant qu'il la possédât en
titre, était précisément celui où, en France, l'abbé Dubois, par
son voyage à la Haye, marchait aussi vers le ministère et la dignité
cardinalice. N'est-il pas digne de remarque qu'entre ces deux futurs
ministres, futurs et prochains adversaires, les faits eux-mêmes, à

<hr>

(1) Bubb à Stanhope, 5 août 1716. Coxe, vol. II, p. 143-144.
(2) Coxe, II, p. 140-141. Alf. Baudrillart, II, p. 228-233.

cette première époque de leur vie publique, établissent un parallé-
lisme très marqué?

Sans parler à nouveau de leur basse origine, Dubois secoue le
joug du passé. Il s'adonne à l'alliance anglaise contre laquelle se
liguent l'ancien ministère et la vieille cour. Fidèle à son élève,
n'ayant de fortune politique à espérer qu'en le servant dans cette
voie nouvelle, il devient son habile, son unique instrument. En dehors du duc et de l'abbé, les conseils sont tiraillés. Personne n'obéit
au Régent. Au dedans, les conseils se jouent de son autorité. Au
dehors, les ambassadeurs français suivent les maximes et l'impulsion des hommes de Louis XIV. L'alliance des deux royaumes de
France et d'Angleterre, une fois conclue malgré eux, ils s'efforcent
sournoisement de l'entraver, de l'adultérer en y introduisant d'autres
combinaisons, de la rendre caduque. Alors les Anglais se disent que,
pour pratiquer le pacte, il faut le confier aux mains de celui qui l'a
négocié, leur seul appui auprès du Régent. Il faut que Dubois soit
ministre; et ils agissent en conséquence.

De même en Espagne, Alberoni. D'accord avec la reine, il se
montre hostile au cardinal del Giudice, représentant de l'ancienne
politique qui haît les Anglais hérétiques et jalouse le commerce
étranger. Il se fait tout Anglais. Il procure, en dépit de la résistance
du cardinal, le traité le plus avantageux au commerce britannique,
sans même prendre soin de stipuler aucune réciprocité en faveur
du commerce espagnol. Mais les conseils résistent en dessous ; ils
multiplient les obstacles; et par cette guerre de chicane, ils font du
traité une lettre morte. Alberoni s'en afflige auprès de Bubb. On l'a
soupçonné pourtant, comédien malicieux, d'avoir eu une part secrète
aux difficultés qui semblaient le chagriner, afin de paraître d'autant
mieux l'homme indispensable et d'aiguillonner, par un intérêt pres-
sant, la sollicitude du ministre britannique en sa faveur [1].

Extérieurement, il prodigue à celui-ci les protestations de bon
vouloir. Il continuera toujours, dit-il, à faire tout son possible pour
le service de Sa Majesté (George Ier), persuadé que ce sera pour l'u-
tilité de l'Espagne [2].

<hr>

(1) Coxe, vol. II, p. 130.
(2) Bubb à Stanhope, 3 juin 1716. Coxe, vol. II, p. 137.

Dubois parlera-t-il d'un autre style?

Et encore : il servira les Anglais de tout son pouvoir ; et ce qu'il ne voudra pas faire pour eux, il ne le fera pour personne au monde [1].

Alors Bubb, sortant des souhaits stériles, prend en main les intérêts d'un ami si chaleureux ; et il commence personnellement une campagne en sa faveur auprès de Philippe V. A une audience, le 1er août 1716, il rappelle au roi qu'il sait bien que dans toute la suite de cette affaire du traité de commerce, lui, Bubb, s'est adressé au seul Alberoni. Sans l'appui de ce dernier, les bonnes intentions du monarque seraient demeurées infructueuses par l'influence de ceux qui étaient jaloux de l'union qu'ils voyaient croître entre les rois d'Espagne et d'Angleterre. « Je ne saurais, poursuivait-il, recommander assez le choix d'un ministre si fidèle et si propre à ces affaires par la grande estime qu'il a acquise en Angleterre et par le cas que nos ministres font de sa personne ». Si donc le roi charge Alberoni d'exécuter le traité, zélé comme il est pour l'intérêt commun, il arrangera tout à l'avantage des deux couronnes.

Philippe V répond qu'il donnera les ordres nécessaires [2]. Malheureusement, on le sait dépourvu d'énergie, de même qu'au delà des Pyrénées le duc d'Orléans ; et Bubb déplore l'irrésolution du roi d'Espagne, du même ton que lord Stair les variations du Régent de France. Il s'excuse auprès de son gouvernement de ce que l'on ne marche pas plus vite. Il fait tout son possible ; mais tant que le roi d'Espagne n'aura pas publiquement mis à la tête du ministère un homme revêtu d'une autorité suffisante pour agir vigoureusement et pour aller au fond des désordres actuels, il est difficile d'imaginer comment on pourra venir à bout des difficultés du moment. « Car aussi longtemps que chaque conseil, je dis chaque conseil et chaque personne dans les emplois publics, par ignorance, négligence ou malice, pourront perpétuellement déjouer ou embrouiller tout ce qui passe par leurs mains, je crois qu'il ne nous sera pas possible d'établir nos affaires avantageusement sans un homme d'assez de capacité et de puissance pour voir et mettre à exécution ce qu'il trouvera être juste et raisonnable. De sorte qu'au

----

(1) Bubb à Stanhope, 18 juillet 1716. Coxe, vol. II, p. 130.
(2) Bubb à Stanhope, 5 août 1716. Dans Coxe, vol. II, p. 145.

lieu de m'employer aux affaires elles-mêmes, je travaille à trouver quelqu'un d'autorisé qui sache les traiter et les régler indépendamment de toute autre personne[1]. »

Y aurait-il de grands changements à faire dans ces lettres pour les transporter de Bubb à lord Stair, et d'Alberoni à Dubois? tant les situations, tout adverses qu'elles fussent, se ressemblaient sur l'un et l'autre versant des Pyrénées!

Déjà donc, voilà Dubois et Alberoni en présence sur la scène où ils se disputent l'alliance de l'Angleterre.

Combien ils diffèrent l'un de l'autre!

Alberoni, dépourvu de toute culture première, dont sans relâche il a suppléé le défaut, est l'exubérance même. Son compliment fameux au duc de Vendôme[2], première cause de sa fortune, fut un cri de tempérament. Propos sérieux ou facétieux selon la circonstance, mots de burlesque solennité, bouffonneries, plaisanteries énormes, excessives de l'homme qui ne sait pas rougir, jaillissent dans son langage, comme d'un foyer bouillonnant au plus profond de son être[3].

Dans les affaires, il en fait une science et un art. A mesure qu'il monte en dignité, il s'étudie à manier plus sûrement, tacticien habile, la moquerie, la mystification, les protestations douces ou véhémentes, la tendresse ou la colère. Tantôt son jeu tragique terrifie son interlocuteur; ou bien l'abondance calculée de sa parole le réduit au silence. Tantôt, armé d'épigrammes acérées, il les décoche de haut sur sa victime qui ne sait plus que devenir. Ses grandes indignations, ses insolents mépris sont, d'habitude, le lot par lui réservé aux envoyés français[4].

Au contraire, avec les Anglais, objets de ses manèges de séduc-

---

(1) Bubb à Stanhope, 29 août 1716. Coxe, vol. II, p. 146-147.

(2) V. Saint-Simon, t. V, p. 135.

(3) *Motti... solennemente burleschi.* V. la biographie italienne d'Alberoni, écrite immédiatement après son premier succès, la conquête de la Sardaigne. Elle est sur un ton légèrement railleur, mais point venimeuse. Elle passe sous silence l'incident de la première audience du duc de Vendôme, tout en y faisant peut-être allusion lorsqu'elle dit que « la fortune l'avait favorisé d'un esprit audacieux qui ne laissait pas échapper les occasions en cédant aux impressions qui, d'ordinaire chez le plus grand nombre, provoquent la rougeur. » *Brit. Mus. Papiers de Guallerio.*

(4) Baudrillart en fournit de curieux exemples.

tion, il devient facile, empressé, caressant. Aucune déception ne
l'irrite, ni ne le décourage. Souple et gracieux comme le tentateur,
sa plainte est touchante, ses sollicitations presque amoureuses, ses
promesses sans limites ; et il ira ainsi jusqu'au moment où, réveillé
de ses rêves par le choc de la réalité, il ne songera plus qu'à dé-
truire ceux qu'il aura trop aimés.

Mais à cette première époque où l'on se courtise de part et d'autre,
Bubb joignant, à un esprit très ouvert, quelque chose de la candeur
et de l'inexpérience de la jeunesse, n'est pas éloigné de croire à ces
beaux dehors, tant le rusé personnage sait, selon le génie de sa na-
tion, s'approprier tous les rôles, également prompt à les prendre ou
à les déposer. Sur le vaste théâtre où s'agitent les intérêts de l'Espagne et les siens propres, à travers les préoccupations infinies du
dehors et du dedans, parmi les soucis les plus poignants, il est, il
reste comédien outré. Côtoyant volontiers la farce, il donne l'impression d'un homme sur les tréteaux.

Ceci soit dit sans méconnaître ses puissantes facultés, juste objet
d'étonnement et d'admiration. Promptitude de pensée et de résolu-
tion, vigueur de main, il semble réunir les dons qui constituent par
excellence l'homme d'État. Mais l'imagination a trop de part à sa
conduite. Elle se porte sur trop de choses à la fois. Impétueuse et
démesurée, elle l'empêche de distinguer assez ce qui est possible de
ce qui ne l'est pas. C'est qu'il lui manque, nous paraît-il, la qualité
maîtresse, seule capable de mettre l'harmonie parmi les autres, de
les lier en faisceau, et de les faire converger vers le succès solide,
durable ; nous voulons dire le bon sens. Il a du génie, mais pas le
génie.

Le biographe de 1717, en relatant les vulgaires aventures de son
existence première, lesquelles en demeurant lui frayèrent le chemin
vers le but invisible perdu dans l'insondable avenir, dit : « La fortune a voulu le conduire à la grandeur par des voies extravagantes ».
Quelque chose aussi d'extravagant fut déposé dans son berceau,
qui frappa finalement de stérilité les dons heureux que la nature
lui avait départis si libéralement. A certaines heures, un astre
ennemi semble dévoyer sa destinée. Alors toutes les idées, toutes
les volontés, toutes les chimères se ramassent, s'agitent, se brouillent

dans son esprit si clairvoyant d'habitude. Le voilà aveuglé par l'obstination ou l'emportement de la passion. Sa haute intelligence sous l'empire d'une sorte de folie ne sert qu'à l'égarer encore davantage. Il y a du monstre en lui.

En un mot, avec cette nature riche et forte, mais mal réglée, il peut saisir un grand rôle, le violenter : il ne le maîtrisera pas.

Pourtant, avouons-le en toute équité à sa décharge, avec des souverains comme Élisabeth Farnèse et Philippe V, il était bien difficile d'être un ministre raisonnable.

Dubois est l'inverse d'Alberoni. Il a sur lui le double avantage d'une éducation première et d'études régulières à Brive et à Paris. Sa fonction de précepteur dans la maison royale, non loin des yeux du plus poli des rois, l'a formé à l'art de s'observer et de se commander. La verve désordonnée du fils du maraîcher de Plaisance réussirait mal au fils de l'apothicaire de Brive. Elle n'est pas plus dans son caractère et dans sa tournure d'esprit, que dans sa situation. Dubois, brillant causeur, est un raffiné. Son cerveau est calme ; son regard aiguisé porte loin et juste. Ses vues sont simples. Raisonnable et prudent, il n'aspirera pas à déplacer l'axe du monde ; il possède l'arme qui finit toujours par l'emporter, c'est-à-dire le bon sens. Si ses instances auprès de son maître sont parfois passionnées, elles procèdent d'une sage colère contre des incertitudes et des variations qui risquent de compromettre les résultats au moment de les recueillir. Si, par la suite, le conflit avec le ministre d'Espagne tourne à l'imbroglio, le ministre de France ne sortira pas des limites d'une comédie décente. Au dénouement, il triomphera parce que, des deux, il est le plus, il est le seul réellement sensé.

De même qu'Alberoni, le prince qu'il sert est difficile à fixer ; du moins est-il toujours accessible aux raisonnements d'un conseiller perspicace et convaincant.

Maintenant, reprenons le cours des évènements.

IV

Alberoni employa, sans perdre de temps, l'accroissement de son influence à contenter le pape en envoyant une escadre qui contribua

à délivrer Corfou assiégé par les Turcs (août 1716). En retour de
quoi et au moyen de nouvelles promesses, il obtint du Saint-Siège
la permission de lever la contribution d'usage sur le clergé d'Espagne
et des Indes pour la continuation de la guerre contre les Infidèles.
De la sorte, il lui était loisible de poursuivre en sécurité ses préparatifs maritimes et militaires, quelque destination qu'il leur réservât
dans son for intérieur[1].

Mais, dans la Méditerranée, tout, en dernier ressort, dépendait
des puissances maritimes. Aussi se prodiguait-il auprès de la Hollande et de l'Angleterre, en même temps qu'il s'efforçait de les
aliéner définitivement de la France.

Il tomba néanmoins dans une erreur étrange de jugement, lorsqu'il
crut pouvoir le prendre de haut avec les Hollandais, sur ce qu'ils
étaient disposés à faire un traité avec l'Empereur. Il leur signifia que
le roi d'Espagne regarderait comme préjudiciables à ses intérêts,
tous les engagements où ils entreraient avec ses ennemis. Les États,
sans s'émouvoir, répondirent qu'ils souhaitaient fortement de cul-
tiver du côté de l'Espagne une étroite amitié, mais que des alliances
défensives étaient nécessaires à leur sûreté[2].

Alors Alberoni changea de procédé. Il proposa au baron de
Ripperda, ambassadeur de la République à Madrid, une alliance
défensive entre les deux États sur la base du traité d'Utrecht. Le
marquis de Beretti Landi, ambassadeur d'Espagne à la Haye[3], fit
des démarches actives dans le même sens. Heinsius accueillit les
offres aussi froidement que naguère les bravades. Les États, selon
leur coutume, envoyèrent la proposition aux provinces et laissèrent
tomber l'affaire, peu soucieux de fournir un sujet de mécontentement à l'Empereur qui déjà en prenait ombrage, comme d'une
liaison avec ses ennemis[4].

A l'égard des Anglais, le marquis poussa la bonne volonté jusqu'à
donner hautement son approbation à l'arrestation de Gyllenborg
et à la saisie de ses papiers, sans tenir compte de l'opinion con-

---

(1) Coxe, vol. II, p. 141-142.
(2) Horace Walpole à L. Townshend, la Haye, 2 juin 1716. *Rec. off.*, *Holland*, v. 375.
(3) Arrivé en octobre 1716.
(4) V. aussi Saint-Simon, t. XIV, ch. vi.

traire et des protestations du marquis de Monteleon, son collègue
en Angleterre. Il eut même à ce sujet une correspondance secrète
avec Stanhope. Il fit plus : il révéla les mouvements des jacobites
en Italie, et comment le duc d'Ormond était parti subitement de
Pesaro, avec l'intention de passer en France et en Ecosse[1].

Remarquons toutefois qu'en ces commencements de 1717, il
entrait encore dans la politique d'Alberoni de caresser l'Angleterre.

Sous ce rapport, la correspondance de Bubb avec son gouvernement nous présente les tableaux successifs d'une situation qui va
parfois jusqu'au comique. Le 29 septembre 1716, le roi et la reine,
à une audience publique, comblent Bubb de témoignages d'estime
pour lui et pour son maître et protestent du désir de conserver son
amitié. Le lendemain matin, Alberoni vient lui réitérer à flots les
mêmes assurances. Bubb n'est qu'à moitié persuadé. Mais, dit-il,
quoique je fasse bien peu de chose avec lui, je ne ferais rien sans
lui. Alberoni espère briser bientôt le ministère qui ne tâche qu'à
déjouer toutes ses mesures. Alors les Anglais auront justice et faveur.
Mais il faudrait que d'abord il fût investi du titre qu'il attend de
Rome (19 novembre 1716).

« Si Alberoni était ouvertement à la tête des affaires, je compte-
rais sur des effets au lieu de promesses (30 novembre).

« L'instabilité et le désordre sont si grands dans cette administration, qu'il est aussi difficile et aussi ennuyeux de venir à bout
des moindres bagatelles que des choses de la dernière conséquence
(21 décembre). »

Bubb ne sait plus à qui s'adresser officiellement dans le ministère. Il n'y a que Grimaldo, secrétaire du roi, sans pouvoir réel. Il
n'est pas ministre d'État et n'a pas voix au conseil. Alberoni, qui a
le pouvoir réel, se dérobe à volonté. « De sorte, dit le ministre anglais, que ceux à qui nous pouvons toujours nous adresser n'ont
pas l'autorité ; et ceux qui ont l'autorité ne se laissent pas engager
au delà de ce qu'il leur plaît, sans compter une infinité d'autres inconvénients qui résultent nécessairement d'une telle manière de

____

(1) *Rec. off.*, *Holland*, vol. 379, 380, *passim.*

traiter. Ceci, je le crains, ne sera pas redressé entièrement, tant que les démêlés avec Rome ne seront pas arrangés d'une façon définitive (28 décembre 1716). »

Ces démêlés concernent surtout, on le comprend, la négociation du chapeau[1]. Il importe aux Anglais, pour le bien de leurs affaires, qu'Alberoni l'obtienne le plus tôt possible, puisqu'alors seulement ils triompheront des conseils. De même, un jour en France, ils seront amenés par un motif semblable à désirer la pourpre pour Dubois et qui plus est, à y travailler de toutes leurs forces, de tout leur crédit auprès des diverses cours.

Enfin au mois de janvier 1717, Alberoni marche par un nouveau progrès vers l'autorité effective. Il acquiert la haute main dans les départements des finances et des Indes. Ordre est donné aux ministres d'adresser directement au cabinet du roi leurs correspondances soustraites dorénavant à la connaissance des bureaux. Alberoni devient ainsi l'agent direct du souverain dans ses rapports avec les puissances étrangères. Si Grimaldo garde son office de secrétaire du roi, il est réduit en réalité aux simples attributions d'un scribe. Le secrétariat de la guerre est transféré au marquis de Tolosa, client d'Alberoni.

Au cours de ces changements qui l'élèvent de plus en plus haut, Alberoni met en quelque sorte l'Angleterre de moitié avec lui dans ses profits. Il saisira, dit-il, Bubb peut en être bien sûr, toutes les occasions en son pouvoir de résoudre les difficultés pendantes. Aussitôt les modifications dans le ministère achevées, il s'y emploiera de son mieux; et il ne se passera pas beaucoup de temps avant que les Anglais ressentent les bons effets de son désir cordial de les servir[2].

Tant de doux propos et d'agaceries, ces mots ne sont peut-être

---

(1) Il y avait quelques litiges qui n'appartiennent pas à notre sujet.

(2) Bubb à Stanhopé, 25 janvier 1717. Coxe, vol. II, p. 151. Voici un billet spirituel d'Alberoni à Bubb qui s'impatiente. « Du Palais, ce 9 mars 1717. J'ai l'honneur, monsieur, de vous envoyer la permission que vous avez demandé depuis un si long temps. Vous savez que ce climat n'inspire qu'avec lenteur l'exécution des affaires, nous aurons de la peine à le changer, de sorte qu'il y a prudence à le prendre tel qu'il est. J'ay l'honneur d'estre... » En français. Extrait des *Seward's Anecdotes*, t. III, p. 270.

pas déplacés dans des scènes dignes du théâtre italien, manquèrent néanmoins leur effet. Les Anglais, s'ils désiraient l'amitié de l'Espagne dans l'intérêt de leur commerce, n'étaient pas gens, nous l'avons dit, à faire passer avant les intérêts permanents de leur politique en Europe, une tendresse éclose entre deux soleils, dont les mobiles trop visibles pouvaient, s'ils étaient contrariés, éclater soudain en frénésie d'amoureux déçu. Déjà, ils n'avaient pas cru devoir exclure l'Autriche de leur système d'alliances pour complaire à l'Espagne. De même, quand ils jugèrent le moment venu de se lier avec la France et la Hollande par un pacte défensif, ils firent litière des empressements de la cour de Madrid et signèrent la triple alliance de la Haye, bien autrement efficace pour l'affermissement de la dynastie de Hanovre.

Cette fois, Alberoni, instruit par l'expérience, s'abstint des explosions de douleur où l'avait jeté le traité de Westminster entre l'Angleterre et l'Autriche. Il resta maître de lui-même et prit le masque de la plus entière indifférence.

Philippe V, peut-être plus réellement passionné que son ministre, donna cours à son indignation, regardant le traité comme uniquement dirigé contre lui. Que devenaient en effet ses prétentions à la couronne de France, à la régence? Comment s'immiscer dans le gouvernement du royaume de ses ancêtres? Il s'irritait contre les Anglais, ennemis permanents, disait-il, de la maison de Bourbon, contre la partialité des alliés qui l'enfermaient dans l'exécution stricte du traité d'Utrecht, tandis qu'ils souffraient que l'*archiduc* usurpât le titre et remplît les fonctions de roi d'Espagne [1] ; et qu'alors même ils préparaient une infraction manifeste à ce traité par le projet de procurer à l'Empereur l'échange de la Sardaigne contre la Sicile [2]. Il n'est pas nécessaire d'ajouter que la reine poussait encore plus loin que son époux les récriminations.

Tel était aussi le sentiment du pape qui se sentait trop à découvert sous le coup de l'omnipotence autrichienne.

---

(1) L'Empereur maintenait en effet à Vienne une parodie de conseil d'Espagne.

(2) Il avait été stipulé que la Sicile reviendrait à l'Espagne en cas d'extinction de la maison de Savoie. Art. 6 du traité du 13 août 1713 à Utrecht, entre Philippe V et Victor-Amédée.

Cependant Alberoni parvint à retenir le roi et la reine dans des termes d'amitié avec George. Il protesta en leur nom que son maître n'avait jamais eu la pensée d'en venir à un accommodement direct avec l'Empereur par l'entremise du pape, ainsi que l'Empereur l'avait laissé entendre. S'il devait en arriver à traiter avec ce prince, il voudrait le devoir aux bons offices du roi qu'il regardait comme son très bon ami. Mais les duchés de Parme et de Plaisance ne lui paraissaient pas une compensation suffisante. L'Empereur, fort comme il l'était en Italie, serait toujours maître de tenir ou non sa parole; avec cela néanmoins, le roi d'Espagne serait obligé de renoncer pour toujours à toutes ses justes prétentions sur l'Italie. Si on ne lui permettait pas d'y mettre dès ce moment des garnisons, il aimerait mieux laisser les choses comme elles étaient et attendre l'heure propice de l'action. Ce n'était pas qu'il ne fît le plus grand cas de la garantie du roi, ajoutait-il; mais dans la présente affaire, l'Empereur pouvait se mettre en possession de ces territoires avant que ni le roi d'Angleterre ni le roi d'Espagne fussent en mesure de s'y opposer[1].

Cette confiance de Philippe V dans les bons sentiments de George Ier n'était pas une feinte, car elle lui inspira une démarche assez singulière. La rigueur des indispensables réformes administratives suggérées par Alberoni, l'aversion des Espagnols pour les étrangers, la crainte de la guerre, que l'activité des préparatifs militaires faisait naître, certains procédés désobligeants envers les gardes wallonnes avaient causé un mécontentement général. Le roi songea à créer un corps de troupes sûres pour contenir la capitale. Il demanda au roi d'Angleterre la permission de lever trois mille Irlandais[2].

George ne se soucia pas de se prêter à une intrusion si directe dans les affaires intérieures de l'Espagne, Peut-être aussi craignit-il que cette milice ne devînt quelque jour dangereuse pour lui-même, comme une épée à deux tranchants. Il laissa tomber cette sollicitation embarrassante.

Alberoni, se voyant isolé malgré ses prodiges d'industrie pour se

----

(1) Bubb à Methuen, 12 avril 1717. Coxe, vol. II, p. 134, 135. Baudrillart, t. II, p. 272 et suiv.

(2) Bubb à Stanhope, 7 juin 1717. Lettre secrète. Coxe, vol. II, p. 156.

rattacher aux puissances maritimes, prit le sage parti de conseiller à
son maître de temporiser avec Charles VI et l'Italie, jusqu'à ce qu'il
eût une flotte et une armée sérieusement réorganisées.

V

Tout à coup, un incident extraordinaire dans le Milanais, c'est-à-
dire un acte aussi peu à prévoir que brutal de la part des Impériaux,
vint à point nommé justifier la défiance de Philippe V à l'égard de
Charles VI et bouleverser la politique expectante d'Alberoni.

L'ambassadeur d'Espagne près le pape, don José Molinès, vieillard
octogénaire, venait d'être nommé grand inquisiteur sur la résigna-
tion du cardinal del Giudice. A cause de son grand âge, il prit son
chemin de retour par terre et par le Milanais. Mais, malgré un pas-
seport de Clément XI et une promesse de sécurité émanée du cardinal de Schrattenbach, ministre impérial à Rome, à peine eut-il
mis le pied sur le territoire autrichien, que le gouverneur l'arrêta,
l'enferma au château de Milan et dirigea ses papiers sur Vienne,
dans l'espérance qu'on y lirait le secret des affaires d'Espagne (fin
de mai 1717). Les bons offices du cabinet britannique, qui s'interposa
à la demande de Beretti-Landi, ne servirent de rien [1]. L'infortuné
fut gardé en prison et y mourut.

A cette insulte, la colère de Philippe V et de la reine fut aussi
violente que légitime, il faut le dire. Le marquis de San-Felipe,
ministre d'Espagne à Gênes, en transmettant la nouvelle de l'arrestation, demandait la guerre immédiate [2]. A Madrid, le duc de
Popoli ne fut pas moins ardent. Seul, le ministre qui, depuis trois
ans qu'il était au pouvoir, se donnait tout entier à la préparation de
la guerre, garda son sang-froid ; et s'il protesta publiquement contre
l'attentat commis par les Impériaux, publiquement aussi, pour atténuer la gravité de l'affaire, il affecta de ridiculiser la naïveté de
l'inquisiteur qui s'était mis si bénévolement à la discrétion des ennemis de son maître [3].

<hr>

(1) Lord Whitworth à L. Sunderland, la Haye, 1717. *Rec. off.*, *Holland*, v. 380.
(2) Lettre du 29 mai 1717.
(3) Il ne l'appelait que *la solennissima bestia*. Lémontey, t. I⁰ʳ, p. 135. Baudrillart,
t. II, p. 274.

Au fond, voulait-il, ou non, une rupture immédiate avec l'Autriche? Malgré le rôle pacifique qu'il prit extérieurement, était-il l'instigateur secret de la prise d'armes qui porta soudainement une armée espagnole en Sardaigne, et rouvrit l'ère à peine fermée de la guerre européenne?

Les historiens sont partagés [1]. Peut-être n'est-il pas difficile de les accorder.

Il semble de toute évidence qu'avec le caractère opiniâtre et ardent de Philippe V et d'Élisabeth Farnèse, avec le mélange confus de regrets, de rancunes, d'aspirations de toute sorte qui agitaient leur âme, un ministre d'aventure ne pouvait pas se proposer d'autre objet que d'y donner satisfaction par l'unique moyen de la guerre. Alberoni avait discerné le port de Barcelone comme le point le mieux approprié pour l'offensive et pour la défensive. Il y accumulait les ressources des forces de terre et de mer. Mais à travers le charlatanisme, qui était comme la gangue de ses talents, il était trop avisé pour s'imaginer qu'en si peu de temps, il eût rendu la monarchie capable de jeter le gant à l'Autriche et aux puissances garantes du nouvel état territorial de l'Italie. Il est donc permis de croire qu'il était sincère lorsque, avec une claire perception de la réalité, il repoussait comme intempestive et dangereuse cette agression qui allait compromettre les fruits déjà obtenus de son administration et ceux qu'il était en droit d'en espérer encore.

Outre l'intérêt public, un grand intérêt personnel lui servait également de lumière et de frein. De même que tous les clercs parvenus aux affaires, il aspirait à la dignité cardinalice. De si infime condition qu'ils fussent partis, le chapeau les mettait de pair avec les plus hauts personnages et les plus superbes de l'État, sinon même au-dessus d'eux. Déjà la reine, agissant comme à l'insu de son ministre, en avait fait la demande pour lui à Clément XI. Les préparatifs de Barcelone, pressés avec une activité fiévreuse, étaient représentés au Saint-Père comme un prochain et puissant renfort

---

(1) Lémontey, t. Iᵉʳ, p. 135, ne doute pas qu'il ne voulût la guerre sans délai. M. Alfr. Baudrillart, t. II, p. 274, est porté à le croire. Coxe, *Histoire des rois d'Espagne de la maison de Bourbon de 1700 à 1788*, vol. II, p. 157, admet la sincérité d'Alberoni. Weber, *Die quadrupel allianz*, p. 39 et suiv., est aussi de cet avis.

destiné aux armées chrétiennes contre les Infidèles. Ils éveillaient au contraire à bon droit l'inquiétude de l'Autriche, de la France et de l'Angleterre, moins confiantes que le pape, et motivaient une demande d'explications de la part de George Ier. Ainsi, il importait à l'aspirant cardinal de réduire auprès de son maître les proportions de l'offense reçue à Milan, de retenir le bras de Philippe V, d'ajourner l'expédition qui se préparait contre les Impériaux et non contre les Turcs, en un mot de gagner du temps jusqu'à ce que, nanti de la pourpre, il fût en état de braver l'indignation du pontife pris pour dupe. Sinon, c'était le naufrage irréparable de sa fortune ecclésiastique, sans doute aussi de sa fortune politique, la fin soudaine d'un rêve où l'on dit qu'il voyait rayonner la tiare.

Voici donc comment les choses se passèrent [1] :

Le marquis de San-Felipe, ministre du roi à Gênes, donna la nouvelle de l'arrestation de Molinès, en la dénonçant comme un de ces affronts qu'il faut venger à tout prix. Le roi, alors à l'Escurial, communiqua cette lettre au comte Alberoni, et lui déclara son intention de faire la guerre à l'Empereur. Alberoni s'efforça d'en dissuader Leurs Majestés (car la reine était en tiers à cette délibération), et leur représenta que dans l'état présent de la monarchie, elles ne pouvaient ni ne devaient commencer la guerre. Le roi alors demanda par lettre au duc de Popoli son avis. Ce seigneur répondit de Madrid,

(1) Nous allons suivre le récit d'Alberoni lui-même, sur la véracité duquel nous ne pensons pas qu'il puisse s'élever des doutes sérieux. Nous avons retrouvé au *British Museum*, dans les *Papiers du cardinal Gualterio, Additional manuscripts*, n° 20425, toute la correspondance à laquelle cet incident donna lieu à la cour de l'Espagne. Alberoni l'adjoignit au Mémoire justificatif qu'il adressa de Sestri, près Gênes, le 20 mars 1720, au cardinal camerlingue Paulucci, pour le pape Clément XI. En même temps, il en envoya copie au cardinal Gualterio. Il traduisit de l'espagnol en italien, en conservant dès expressions et même des phrases espagnoles, les lettres dont nous allons nous servir. Coxe avait déjà donné des extraits de la lettre d'Alberoni au duc de Popoli, *Histoire des rois d'Espagne de la maison de Bourbon*, vol. II, p. 158-161. M. Baudrillart en dit finement que « cette lettre est si forte qu'elle dut, semble-t-il, convaincre celui-là même qui l'écrivit, à supposer qu'en prenant la plume, il ne fût point encore persuadé des dangers que l'Espagne allait courir avant d'être prête à les surmonter, » t. II, p. 274. Nous demanderons au spirituel historien la permission de renverser l'idée et de dire qu'Alberoni n'écrivit cette lettre, réellement très hardie et très convaincante, que parce qu'il était persuadé des dangers auxquels une guerre prématurée devait exposer l'Espagne. Une grande partie du Mémoire justificatif a été reproduite par M. Hœfer, dans la *Nouvelle Biographie universelle* (Didot), art. *Alberoni*, mais avec de très fortes incorrections.

par deux lettres des 9 et 10 juin 1717, où il abondait dans le sens de San-Felipe. Son avis était de repousser la force par la force, et de tenter au plus tôt la conquête de Naples ou bien de la Sardaigne. Il fixait le chiffre des vaisseaux, des soldats, indiquait les chefs à choisir. Étranger au scrupule de troubler la chrétienne Autriche aux prises avec les Musulmans, il pensait, comme le roi, que le moment ne pouvait pas être meilleur ni plus favorable, attendu la très vive diversion de la guerre du Turc. Il fallait se mettre en mesure et agir avec toute la rapidité possible. Que si, après la conquête de Naples, il devenait difficile de s'y maintenir, on n'aurait qu'à se mettre dans la main de la Providence, dont les voies passent l'entendement humain. Après tout, dans le cas où ni les Napolitains, ni les Sardes ne bougeraient à la vue de l'armement d'Espagne pour secouer le joug tyrannique des Allemands, il serait toujours temps de l'adjoindre aux troupes qui combattaient dans le Levant.

Quand le roi fit voir à Alberoni ces deux lettres, où de si graves affaires se décidaient d'après des motifs si légers, le ministre s'efforça de le dissuader; ensuite, il protesta près du duc de Popoli par la lettre la plus véhémente.

Elle est datée de San Lorenzo (l'Escurial), 10 juin 1717.

Sa première impression, disait-il, avait été l'horreur et l'épouvante en voyant dans son petit jugement qu'alors même que l'affaire réussirait, elle serait de nature à mettre en danger cette pauvre monarchie abattue, incapable de respirer sans le bienfait d'une longue paix.

Entrant alors dans le vif du sujet, il s'efforçait de démontrer que l'arrestation de Molinès était simplement un mauvais procédé de l'Autriche, nullement extraordinaire dans l'état des rapports entre le roi d'Espagne et l'*archiduc*, et non pas un acte d'hostilité que les puissances maritimes et la France dussent regarder comme une infraction à la paix d'Utrecht ou à la neutralité de l'Italie.

Mais en supposant qu'on fût fondé à la qualifier ainsi, il demandait où étaient l'argent, les vaisseaux, pour tenter une invasion dans le royaume de Naples; comment se maintenir à Naples, même si les châteaux se rendaient sans résistance; comment s'excuser auprès du pape qui, sur la demande de l'*archiduc* avant sa déclaration de guerre au Turc, avait obtenu du roi d'Espagne la promesse de ne pas attaquer les États autrichiens d'Italie. Qu'adviendrait-il de la garantie donnée par les puissances maritimes et la France, qu'il ne serait apporté aucun changement à l'état territorial de l'Italie?

N'allait-on pas fournir aux Allemands un prétexte d'occuper immédiatement Parme, Plaisance et la Toscane?

Alors même qu'on aurait d'abord la tranquille possession du royaume de Naples, il y faudrait entretenir constamment une flotte afin de pouvoir retirer les troupes en cas de besoin. Que diraient et la Hollande et l'Angleterre d'une pareille tentative au moment où elles annonçaient l'intention de faire une alliance avec l'Espagne et de réconcilier ensemble le roi catholique et l'*archiduc*; et la France, qui offrait d'amener les puissances maritimes à assurer dès ce moment à l'infant don Carlos, Parme, Plaisance et la Toscane?

« Ah! s'écriait Alberoni dans un transport où le comique coudoyait le pathétique, mon bon seigneur duc, ce sont des idées funestes, c'est vouloir attirer les derniers malheurs sur ces souverains jeunes et innocents [1], et en un mot faire croire aux gens sages qu'une poignée d'Italiens follement passionnés pour leur pays ont poussé ces souverains au dernier degré de la ruine, et l'Epagne entière à sa perte totale [2]. »

Enfin il insistait, en entremêlant les raisons et la raillerie, sur l'impossibilité de faire des conquêtes en Italie sans alliés, sans argent, sans troupes, sans chefs capables de les commander, avec trois royaumes plus déloyaux que jamais [3], un peuple dépourvu d'énergie. une noblesse mécontente; et, pour achever, l'absence de toute aide divine et humaine. « Il ne me paraît donc pas que nous soyons en état d'opposer la force à la force, pour parler comme Votre Excellence. Je conclus que, dans une affaire de si grande importance, je n'ai pas le courage de dire avec Votre Excellence, ni de penser qu'il faille s'abandonner nonobstant à la Providence et

(1) Philippe V avait alors trente-quatre ans ; Elisabeth Farnèse, vingt-cinq ans.

(2) Le duc de Popoli était Napolitain.

(3) Sans doute Castille, Aragon et Valence, ou l'Autriche avait encore des partisans. V. Baudrillart, t. II, 245, 246. Il est possible aussi qu'Alberoni n'ignorât pas tout à fait les machinations récemment dirigées contre lui, à l'instigation du Régent.

espérer dans la justice de la cause de Sa Majesté. J'ai dit tout cela
à Leurs Majestés dès les premiers mots qu'elles me firent l'honneur
de m'adresser sur cette matière; et je serais très content, quand
même l'affaire réussirait de la manière la plus heureuse, que tout
le monde sût que mon très court entendement ne l'avait pas ap-
prouvée. »

Il terminait en priant le duc de recevoir son opinion toute fruste,
disait-il, écrite en toute hâte, d'en garder le secret qu'il confiait à
son honneur et à sa probité[1].

Le duc se rendit à ces motifs d'un homme d'État. Il écrivit au roi
pour se dédire, le dissuader de l'expédition qu'il méditait, et l'exhor-
ter à ne pas perdre la gloire d'envoyer l'escadre au secours des
armées chrétiennes dans le Levant.

Le roi, uniquement sensible à son affront de Lombardie et très
peu soucieux de la guerre sainte, ayant eu d'ailleurs connaissance
par une maladresse peut-être calculée du secrétaire Grimaldo, de la
lettre d'Alberoni au duc de Popoli, fit écrire à ce seigneur par le
P. Daubenton que Leurs Majestés étaient surprises qu'il eût changé
de manière de voir par complaisance (pour Alberoni). En même
temps il donna commission au P. Daubenton de demander au comte
Alberoni s'il reconnaissait la lettre pour sienne, en ce cas de la lui
rendre et de lui dire que Sa Majesté était mal satisfaite de sa personne et de la conduite qu'il avait tenue en l'écrivant[2]. Le P. Daubenton, en s'acquittant de sa mission, aurait ajouté ces paroles :
« Je suis pour la guerre ; et je dois vous faire observer sans détour
que votre refus exaspérera le roi et qu'il peut vous exposer à la
disgrâce[3]. »

Alberoni rapporte dans son mémoire justificatif au cardinal Paulucci que, ne pouvant pas empêcher la guerre, il proposa au roi de

---

(1) *Papiers de Gualterio, Brit. Mus. addit. man.*, n° 20425, f° 26-27.

(2) *Brit. Mus. addit., man* 20425, fol. 25. Daubenton certifia et signa au bas : « Par
ordre du Roy j'ay rendu cette lettre à M. le comte Alberoni, le 12 juin 1717. Daubenton. » V. aussi f° 79, 80.

(3) Coxe, vol. II, p. 161. Ces paroles ne se trouvent pas dans les papiers de Gualterio. Coxe ne dit pas d'où il les a tirées. Elles sont du reste en situation. Alberoni,
dans ce mémoire, dit seulement que le P. Daubenton lui fit des reproches de vive
voix. *Id.* f°. 14. Il montra toute cette correspondance au nonce Aldovrandi, au moment
même, f° 15.

la porter contre Oran et d'autres places d'Afrique. Il en prend à
témoin le **P. Daubenton** [1]. Proposition qui ne pouvait servir à rien,
ni aux chrétiens qui se battaient contre les Turcs du côté de la mer
Ionienne, ni à Philippe V qui voulait sa revanche sur les Autrichiens en Italie. Le ministre ne se faisait probablement pas d'illu-
sion sur l'accueil qu'elle recevrait du maître ; mais elle pouvait lui
servir, à lui, de moyen dilatoire dans le moment, et de défense dans
l'avenir. Elle lui avait déjà servi à tromper le cardinal Aldovrandi,
venu de Rome pour régler les vieux démêlés entre la Curie et le
Roi catholique, ainsi que l'envoyé vénitien Mocenigo [2].

Enfin, à Rome, l'affaire à laquelle le comte Alberoni subordon-
nait tout le reste mûrissait. Le moment approchait d'échanger son
titre nobiliaire de fraîche date et de médiocre utilité, contre le titre
qui allait transformer l'ancien sonneur de la cathédrale de Plaisance
en prince de l'Église romaine. Le 12 juillet 1717, Clément XI le
proclama cardinal dans un consistoire solennel. Une seule voix
désapprobatrice s'éleva, celle du cardinal del Giudice, que l'on
pouvait taxer de rancune personnelle. Dès lors plus d'obstacle à une
agression contre l'Autriche. Le nouveau cardinal cessa de combattre
l'entreprise sur la Sardaigne. A la fois s'abandonnant à l'invincible
obstination de Philippe V, et désavouant son maître auprès de
Bubb [3], il embarqua sa fortune sur la flotte de Barcelone et s'en-
gagea dans la guerre à pleines voiles. « N'ayant pas été partisan
de cette guerre, dit-il dans son mémoire au cardinal Paulucci,
il est facile de croire que si je m'opposai à ce qu'on la commen-
çât, alors que l'événement était incertain, je n'ai pas pu en désirer
la continuation après avoir vu les revers réaliser mes prédic-
tions ; de même il est vrai, qu'une fois la guerre voulue par mon
roi, j'ai fait ce que devait faire un honnête ministre pour bien

<hr>

(1) *Brit. Mus. addit. man.*, n° 20425, f° 21 v°. Et Coxe, vol. II, p. 162.

(2) Weber, *Die quadrupel allianz*, p. 37.

(3) *Brit. Mus. addit. man.*, n° 20425, fol 15. Bubb rapporte (Coxe, t. II, p. 166, 167)
qu'Alberoni, en lui avouant le 30 août que l'armement était dirigé contre l'Empereur,
mais sans dire sur quel point, ajoutait : « Je n'ai aucune part à cette expédition, si ce
n'est l'exécution. Et je vous assure que j'ai fortement représenté au roi, par écrit et
de vive voix, les inconvénients qui s'en suivront. Mais le roi est déterminé, et mes
arguments n'ont pas réussi à le persuader. »

servir son prince. Si alors je m'efforçai de lui en procurer tous les avantages, cela doit plutôt m'être compté comme un mérite et un honneur [1]. »

VI

Pour nous résumer sur Alberoni, nous trouvons. à la différence d'autres historiens, sa conduite claire et simple, en conformité avec son intelligence et son caractère.

1° Il comprit que la paix était indispensable au royaume et il se proposa sincèrement de la maintenir le temps qu'il faudrait pour la réorganisation et la restauration de l'État ; après quoi viendraient et la protestation par les armes contre les stipulations spoliatrices d'Utrecht, et le recouvrement des antiques annexes de l'Espagne en Italie.

2° Les suggestions d'intérêt personnel se joignant chez lui aux considérations d'intérêt public, il sentait que toute infraction à la paix de l'Italie, tandis que la guerre du Turc durait encore, le frustrerait à jamais de la pourpre par le courroux de Clément XI. De là son calme étudié lors de l'incident Molinès, ses efforts pour en atténuer la portée et même un secret dépit contre le candide inquisiteur. Il traîne en longueur.

3° Le voilà cardinal. Sa situation est acquise à Rome. Alors il fait pour son prince temporel le contraire de ce qu'il a donné à espérer à son prince spirituel. Afin de rester ministre en Espagne, il adopte l'emportement des époux royaux, quoiqu'en son âme et conscience il désapprouve leur imprudence. Il entreprend ainsi, avant l'heure qu'il s'était fixée, une guerre intempestive dont il accepte, *en honnête ministre*, la direction et la responsabilité devant le monde entier.

Dans ce système, sa conduite s'explique donc sans difficulté. Au début, il est pacifique sincèrement, cette paix ne devant être d'ailleurs qu'une trêve, dont il proportionne la durée à celle de la réfection de l'État. Soudain une volonté plus forte que la sienne rompt la trêve trop tôt à son gré. Il y cède, comme on plie sous une force majeure ; et

____

(1) *Brit. Mus. addit. man.*, n° 20425, fol. 15.

dépouillant tout scrupule, il s'élance dans la carrière avec l'ardeur du plus fougueux tempérament. Cela est-il si étonnant? Est-il besoin de supposer de sa part les artifices raffinés d'un double jeu? Voit-on si fréquemment dans l'histoire, le ministre d'un souverain absolu, ses représentations faites, refuser de servir la politique qu'il a commencé par blâmer? Le voit-on rechercher la disgrâce de préférence à l'obéissance qui couvre sa responsabilité, qui le met au pinacle en réalisant, comme ici, le rêve merveilleux d'une vie déjà longue (cinquante et un ans), fortune inouïe, *extravagante* de l'humble plébéien?

Louis WIESENER.

ANGERS, IMP. BURDIN ET Cⁱᵉ, RUE GARNIER, 4.